惊奇透视百科

繁忙的交通工具

冰河 编著

清华大学出版社
北京

图书在版编目（CIP）数据

繁忙的交通工具 / 冰河编著. — 北京 ： 清华大学出版社，2019（2022.12重印）
（惊奇透视百科）
ISBN 978-7-302-42700-1

Ⅰ．①繁… Ⅱ．①冰… Ⅲ．①交通工具－儿童读物 Ⅳ．①U-49

中国版本图书馆CIP数据核字(2016)第020173号

责任编辑：冯海燕
封面设计：鞠一村
责任校对：王凤芝
责任印制：宋　林
出版发行：清华大学出版社
　　　　　网　　　址：http://www.tup.com.cn， http://www.wqbook.com
　　　　　地　　　址：北京清华大学学研大厦A座　　　邮　　编：100084
　　　　　社 总 机：010-83470000　　　邮　　购：010-62786544
　　　　　投稿与读者服务：010-62776969，c-service@tup.tsinghua.edu.cn
　　　　　质量反馈：010-62772015，zhiliang@tup.tsinghua.edu.cn
印 装 者：小森印刷霸州有限公司
经　　销：全国新华书店
开　　本：185mm×260mm　　　印　　张：4
版　　次：2019年1月第1版　　　印　　次：2022年12月第2次印刷
定　　价：29.80元

产品编号：063744-02

目　录

交通变迁

很久以前，人类使用驯化的动物、独木舟等简单交通工具，代替人类的双脚。

在此后长达几千年的时间里，人们发明了轮子和船帆，从而出现了牛车、马车、帆船等。这些交通工具加快了文明的发展进程。18世纪，蒸汽机的出现，标志着交通工具开始了全新的革命。人们把蒸汽机安装在车子上，发明了蒸汽机车，从而大大提高了行驶速度；蒸汽机安装在船上，促使了轮船的问世。

后来，发明家在蒸汽机的基础上，又发明了内燃机，经过近百年的发展和演变，就出现了今天所见到的汽车、火车、轮船、飞机等各种各样的交通工具，它们给我们的出行带来了很大便利。

蒸汽火车

当轨道最早出现在采石场和煤矿时，货车都是靠马拉的，后来出现了蒸汽火车。蒸汽火车采用蒸汽机车头，通过燃烧煤炭或木材加热水产生的蒸汽提供动力，驱动车轮在轨道上行驶。

你知道吗

1776年，英国的瓦特发明了第一台有实用价值的蒸汽机。1814年，英国人斯蒂芬森发明了第一台蒸汽火车。

1　蒸汽火车的速度一般为60km/h。

2　蒸汽火车用煤烧水，使水变成蒸汽，从而推动活塞，使火车运行。

3　蒸汽火车的外观和功用与如今的各类火车相差不大，但它是最初级、最古老的火车。

你还想知道

20世纪50年代后，我国开始生产蒸汽机车，到了21世纪，蒸汽机逐渐被淘汰。如今，我国高铁已被广泛使用。

有轨电车

在一些电影里，我们能看到有轨电车。它一般只有几节车厢，通过顶部像"辫子"一样的受电弓和电缆相连，电缆提供的电能传到机车的电动马达里，转化为动能，然后带动驱动轮在地面轨道上行驶。有轨电车使用电，不会排放废气，是非常环保的交通工具。现代有轨电车作为城市里一种先进的公交工具，已被普遍使用。

轨道一般为埋入式轨道。

有轨电车依靠受电弓接收电缆送来的电能。

你还想知道

现代有轨电车与其他机动车相比，有固定的轨道，对于行人更加安全，不排放尾气，噪声低，行人的步行环境更佳。

有轨电车的外貌色彩比较鲜艳。

有些有轨电车每小时单程可载客约上千人。

真是不可思议

我国最早的有轨电车于1899年出现于北京，由德国西门子公司修建，连接郊区的马家堡火车站与永定门。

5

磁悬浮列车

磁悬浮列车看似是行驶在轨道上的，其实可不是那么回事。它的轨道上会产生很大的磁力，让列车摆脱地心的引力，悬浮在空中1厘米左右，这样列车就只会受到空气的阻力，速度很快。上海磁悬浮列车是中国第一条磁悬浮列车，实际时速约380公里，为我国实验高铁列车积累了经验。

磁悬浮列车只受空气的阻力，时速可达400~500公里。

真是不可思议

磁悬浮技术的研究源于德国。早在1922年，德国工程师赫尔曼·肯佩尔就提出了电磁悬浮原理，并于1934年申请了磁悬浮列车的专利。

导向系统提供侧向力来保证悬浮的机车能够沿着导轨的方向运动。

减速玻璃具有良好的光学性能，视觉非常清晰，跟没有玻璃的视觉效果一样。当玻璃受外力损坏时，玻璃碎片不会飞出给车上乘客造成二次伤害。

磁悬浮列车采用的是减速玻璃，乘客可以更好地观赏窗外的风景。

磁悬浮列车利用"同性相斥、异性相吸"的电磁学原理，使车体完全脱离轨道，悬浮在距离轨道上方约1厘米处。

7

高速动车组列车

高速动车组列车，简称高动列车、高速动车、高速动车组，即G字头列车，大部分时候时速达250km/h~350km/h。如今，很多人将G字头高速动车组列车简称为"高铁"，其实这种简称是错误的。高铁是指高速铁路，高速铁路与高速列车是两个不同的概念，高速铁路是铁路系统，高速列车是车辆类型，所以不能混为一谈。

高动列车的内部设施先进，坐在座位上不会感到颠簸，十分舒适，座位前还有放置物品的小桌板。

用餐车厢有相对而坐的小桌子，非常舒适。

高动列车的轨道使用了最大强度的钢材，而且是无缝焊接，拥有世界级轨道焊接的最高精度，铁轨长度可以达到几十千米甚至上百千米，整条钢轨没有轨缝接头。

你知道吗

日本是高动列车制造领域的先驱，在1964年就推出了新干线子弹头列车，震惊了全世界。

你还想知道

我们经常看到列车头上印有"CRH"的标志，这是"中国铁路高速（列车）"的英文缩写。中国铁路高速列车分为D字头列车（动车组列车）、G字头列车（高速动车组列车），还有标号C的高速综合检测列车。

驾驶室配备有最尖端的高科技设备，以便列车在高速飞驰的同时保证最大的安全系数。

隔热密封层用于隔热、保温与运行设备的密封。

雷厉风行的消防车

"消防车，穿红衣，喷水灭火搭云梯，火警电话119，应急抢险数第一。"如果遇到火灾，赶快拨打119，通知消防队，消防车会尽快赶到现场。有些消防车上有大大的水箱，还有长长的水管连接路旁或地下的消火栓。有些消防车有长长的云梯，能伸到高楼上，抢救困在高楼里的人们。

车头上的警示灯。———

你知道吗

为什么大多数消防车要穿红色外衣？

红颜色是最醒目的颜色，人们会在第一时间注意到。消防车穿上红外套，马路上其他车辆会很快发现它的身影，赶快让路，这样消防车才会很快赶到火场抢险。

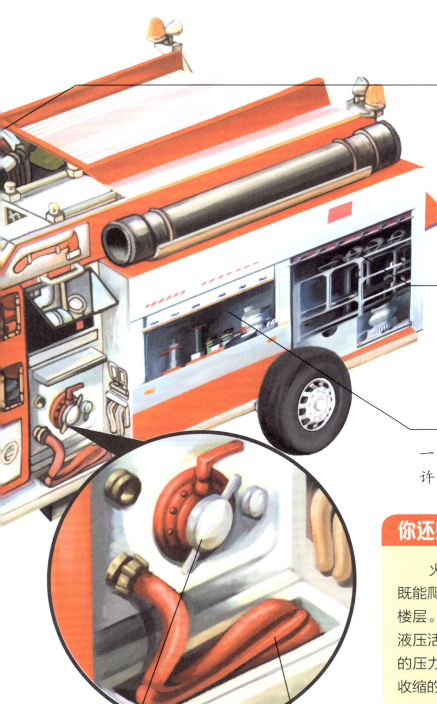

水炮可以向大火喷射大量的水。

车内还配备了工具箱，应对火警时，能用到的许多工具都放在里面。

车的肚子里有一个水箱，能携带许多水。

你还想知道

火灾发生时，灵活的云梯既能爬上高楼层也可以降到低楼层。云梯爬上爬下的秘密是液压活塞的功劳，它能将液体的压力，转变成让云梯伸长或收缩的机械动作。

水泵吸水器还可以从外部水源抽水，比如消火栓、游泳池、湖泊等。

消防车侧面的隔间里，有多段连接水源的水带。

垃圾车

小区里的垃圾箱装满了垃圾，每到预定的时间，它们就被垃圾车运走了。垃圾车上有自动升举装置，可以将垃圾箱举起，把里面的垃圾倒进翻斗内。翻斗下面有液压装置，当垃圾车来到垃圾站后，液压装置会把翻斗抬升，里面的垃圾就被倾倒出来。垃圾车还可以运输煤炭、砂石等。

你还想知道

餐厨垃圾车是垃圾车中的一种，主要用于运输食品垃圾。我国每天产生的餐厨垃圾数量惊人，以餐厨垃圾为对象的餐厨垃圾车也在飞速发展。

垃圾车适用于垃圾多而集中的居民区，以及厂矿企业等。

真是不可思议

生活垃圾可以变废为宝。比如，纸张回收后可以继续造成纸，塑料瓶经过加工可以制作成T恤衫，玻璃和金属回收加工后可以变成原材料。

倾倒垃圾时，垃圾车的翻斗会抬升起来。

安全报警器会在垃圾车后退的时候发出警报，以避免工作人员无故受伤。

固定在卡箍上的垃圾桶被抬起，里面的垃圾被倒进翻斗。

13

你还想知道

救护车的急救箱里，一般装备心脏除颤器、伤口包扎材料、氧气瓶、止痛药、产妇接生设备等，可为病患者进行紧急救治。

现代救护车的内部比较宽敞，使救护人员有足够的空间在去医院的途中对患者进行救护处理。

车上备有氧气、便携式呼吸机和心脏除颤器等。

车上还带着夹板和支架，用来固定病人骨折的肢体。

14

救护车

当有人受伤或者生病的时候，可以打120急救电话，不一会儿，救护车就会来到，车上的医护人员下来，用担架把伤病者抬上车，然后救护车会立即拉响警报器并快速驶向医院。在紧急情况下，为了争分夺秒，救护车不仅可以在车道边缘行驶，也可以在人行道上行驶，有时还可以反方向行驶，只要保证顺利通过就可以。

你知道吗

　　我国大部分地区都已开通了医疗专用120急救电话，24小时有专人接听，接到电话后立即派出救护车和急救人员。

救护车内携带了大量的绷带和外敷用品，可以及时帮助患者止血、清洗伤口等。

15

验票闸门：乘客进出地铁站，通过验票闸门时，都需要刷感应磁卡。根据进出刷卡的区间，自动扣除乘车费用。

直梯：乘客可根据需要选择乘坐直梯。

站内指示牌：乘客按照地铁站内标牌的指示，就能找到所要乘坐的列车。

地铁

随着城市的发展，人口越来越多，地面交通也越来越拥堵。为了缓解地面交通压力，很多城市都修建了地铁。地铁的修建不仅能节省地面空间，还能减少地面噪音和环境污染，并且非常准时，方便乘客出行。

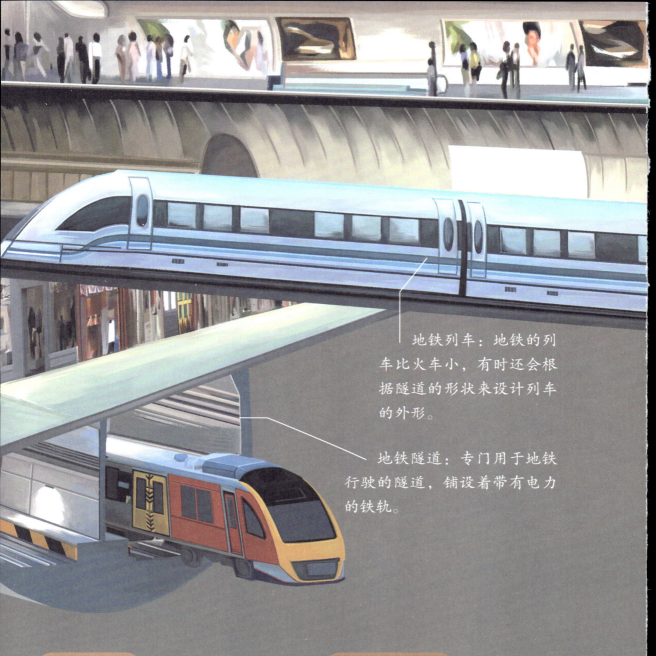

地铁列车：地铁的列车比火车小，有时还会根据隧道的形状来设计列车的外形。

地铁隧道：专门用于地铁行驶的隧道，铺设着带有电力的铁轨。

你知道吗

世界上最早的地铁是建于1863年的英国伦敦大都会地铁。中国首条地铁是建于1965年的北京地铁。

你还想知道

大多数地铁列车都有两个车头，这两个车头都能驾驶，到达终点站时只需切换线路,不用像其他车辆那样掉头。

游轮上配备了足够的救生艇
和救生衣，以应对突发事故。

游轮内部设有套房、休息
室、图书室、餐厅、舞厅等。

游轮

如果你出去旅行游览，可以选择乘坐游轮。它的内部设施
齐全，有装修豪华的套房，酒吧、舞厅等娱乐设施，以
及可供阅读的图书室。游轮还提供观景
服务，会在一个或几个著名景点停泊，
让乘客们观光游览，一饱眼福。

卡车

卡车不仅可以载人，还可以拉货，是个很厉害的角色。它包括牵引车头和拖车两部分，一般采用柴油发动机。发动机产生的动力通过传动系统驱动后桥，最终将动力传递到后轮，后轮转动起来，卡车也就开动了。

在大卡车的驾驶室里，一般会有10个挡位，从后拖车无货物在开放路段穿梭，到后面载着30多吨的货物爬坡，这些挡位都能轻松消化。

超大卡车的油箱可装500升左右燃料。

你知道吗

冰原卡车司机专门在冬天穿越遥远的北极，运载货物到采矿中心或伐木工棚。卡车会从冰冻的冰面穿过，行驶速度比在路面上还快。

你还想知道

"蜈蚣"卡车很长，我国制造的有70多米长，载重量可达数百吨。

卡车平滑的流线型车顶有助于降低空气阻力，增加行驶速度。

卡车的拖车部分都设有金属的支撑脚。

23

游轮的旅程没有限制，可长可短。

你还想知道

2009年12月，进行处女航的皇家加勒比游轮公司的"海洋绿洲"号，吨位达22.5万吨，长约360米，宽约47米，共16层甲板，设有2000多间客舱，能搭载6000多名乘客。

真是不可思议

19世纪由于邮递服务的发展，轮船开始运送信件和包裹，于是，诞生了"邮轮"一词。后来喷气民航机的出现，邮轮演变为仅供游乐的游轮。

游轮通常采用环游
的方式行驶，远洋游轮
可以横渡大洋。

公共汽车顶部的通
风板可以随时打开，让
新鲜的空气进入车内。

公共汽车的发动机一
般位于前面或后面的车厢
底下。

公共汽车

如今，我们出行会选择坐公共汽车。公共汽车上有很多座椅，中间是一条乘客来往的通道，有的前面和中间分别有一扇车门，车顶设有天窗，能够让外面的新鲜空气流通进来。现在的公共汽车基本上实行无人售票，只需自动刷卡投币上车。

你知道吗

19世纪最早的公车是用马拉的四轮马车，车上有两个长椅，没有遮挡风雨的侧挡板和车顶。

现在，大多数公共汽车都只有一个驾驶员，实行无人售票。

你还想知道

上海超级电容公交车是目前世界上较大的公交车，属于新能源汽车。这种公交车车长约25米，可以搭载约300名乘客，并能在拐角的路上通行。

公共汽车的前面设有自动门。

25

20世纪20年代，皮卡在美国出现，是非常实用和常见的一种交通工具，也是美国牛仔文化的象征。

皮卡过去主要采用柴油发动机，这种发动机很笨重，但是能提供强大的动力。

皮卡

皮卡的形状有点像轿车，也有点像货车。它前部是轿车一样的流线车型，有密闭的驾驶室，以及双排座位，后部有一个敞篷式的车厢，可以像货车一样装载货物。当遇到雨雪天气时，人们会用帆布遮盖后部车厢，来保护货物。

在驾驶座后面，还有一排座位，车内为此提供了足够空间。

皮卡后面的车厢用来装载货物，绳子和皮带上的吊钩能防止货物掉落。

皮卡的轮胎非常结实，可以适应松软或坑洼的路面。

你还想知道

20世纪90年代，皮卡被引入我国，并被广泛使用。

载重能力大的，叫作重型越野汽车；载重能力小的，叫作轻型越野汽车；而居于轻、重之间的，叫作中型越野汽车。

你还想知道

越野车最早是专门为战争设计的车辆，它使部队的机动性能大大提高。

越野车的前后轮距很大，在通过障碍时震荡较小。

越野车能够载着你穿越森林、山地等地方。

越野车的底盘很高。

越野车一般是方方正正的车型。

四轮驱动，减少了车轮打滑及空转的情况。

越野车的减震器

越野车

越野车是一种为越野而特别设计的汽车。越野车有很高的底盘和较大的马力，排气管位置也比普通汽车要高，四个轮子都由发动机驱动，轮胎上有较多的纹路，能紧紧抓住地面。它不受路面情况的影响，可以在沙漠戈壁里行驶，也能应对雨雪的泥地，还可以通过陡峭的岩石坡。

小轿车

在城市的道路上，到处都有汽车在行驶。它有四个轮子，以及位于前部的发动机，这个发动机是车轮转动的动力来源。在汽车的内部，前面有驾驶和副驾驶两个座位，后面是三个座位，车尾部还有一个行李箱。

汽车的发动机

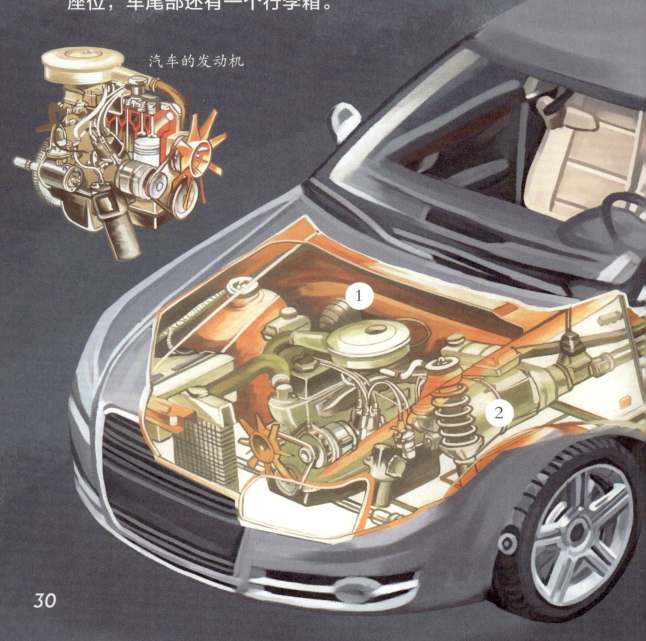

你还想知道

汽车设计师利用烟道来检测汽车的空气动力学特性。当一道烟沿着车身吹过时，车子呈流线形的阻力小，可以让更多的烟过去。

① 发动机通常设在车的前身，只驱动后轮。

② 汽车一般有四个轮子，每个轮子都有一根弹簧和减震器用来减震。

③ 底盘用来支撑、安装汽车发动机及其各部件。

④ 轮胎是汽车的重要部件之一，它直接与路面接触，和汽车悬架共同来缓和汽车行驶时所受到的冲击。

后视镜

你还想知道

以前摩托车驾驶者通常通过踩一个脚踏板发动摩托车，如今基本已被电子启动器等取代。

弹簧悬架能使摩托车更好地应对坑坑洼洼的道路。

你知道吗

100多年前，德国的"汽车之父"特利布·戴姆勒制成用单缸风式汽油机驱动的三轮摩托车。同年他获得了这一发明的专利。因此，戴姆勒被世界公认为是摩托车的发明者。

摩托车

摩托车是一种灵便快速的交通工具。它的油门在把手上，当你转动把手，就可以点燃发动机，发动机启动后就会向前行驶了。摩托车后部有阻尼弹簧，前部也有长长的前叉，这些都能减少颠簸，从而使人坐在上面更加舒适。

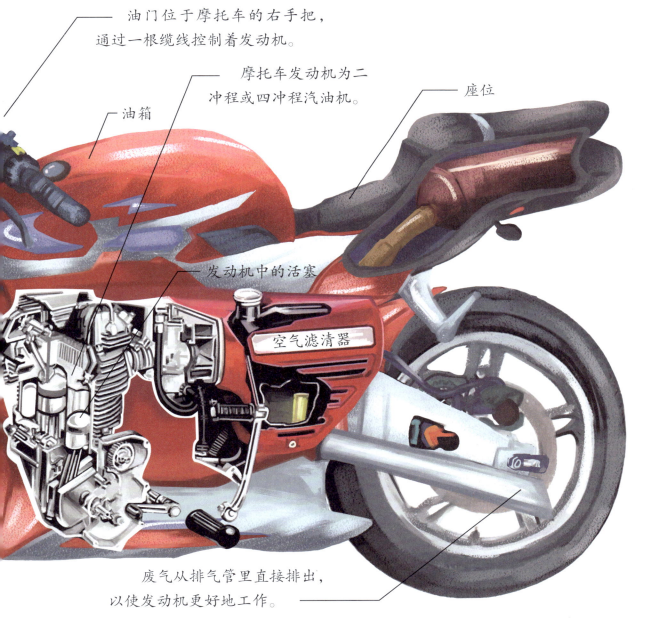

油门位于摩托车的右手把，通过一根缆线控制着发动机。

摩托车发动机为二冲程或四冲程汽油机。

座位

油箱

发动机中的活塞

空气滤清器

废气从排气管里直接排出，以使发动机更好地工作。

共享单车

2007年左右，由国外兴起的公共单车模式被引进国内，只是当时出现在公共场所中的是有桩单车。后来随着互联网的高速发展，互联网共享单车应运而生，更加便捷的无桩单车取代了有桩单车。相较于公共自行车，共享单车不用办卡，定位、借车、锁车、缴费等过程全部在手机上完成，操作既方便又快捷。共享单车让短途出行更加方便，一定程度上减少了汽车的使用量，让我们的生活变得更加绿色环保。

云计算

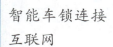

智能车锁连接
互联网

用户手机记录
所有数据

汇总大
数据

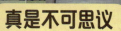

真是不可思议

为了降低维护成本，共享单车的车胎全部使用的是实心胎。这种胎不用充气，把传统单车充气的内胎里的空气用橡胶来代替，但缺点是轮胎太硬，无法提供充气胎的弹性来减震，且较重。

真是不可思议

　　共享单车的智能车锁内置了支持GSM、GPRS等网络的蓝牙芯片，用户可以直接打开手机里的蓝牙，让手机蓝牙和单车里面的蓝牙芯片连接起来，然后用手机扫车上的二维码，这样就可以直接给蓝牙芯片一个信号，在信号的驱动之下，实现开锁功能。

　　人们可通过手机App解锁自行车，享受随时随地有车骑的共享出行服务。

　　共享单车使用的是移动物联网智能锁，拥有人工智能大数据平台"奇点"的系统支持。

智能车锁

　　用铝材制作的车身，耐用性强、安全性高，抗锈性能好。

水上摩托

水上摩托是在水面上行驶的摩托艇。驾驶者坐上后，先挂上保险，然后按下左把手上的点火开关，再用油门加油，它就会在水面上快速前行。与平时我们在路面上骑的摩托车不同的是，水上摩托并没有刹车零件，只要不再为摩托艇本身加油，它速度就会慢下来。

你还想知道

1908年，第四届伦敦奥运会，水上摩托首次成为奥运会项目。它是集高科技、观赏、竞争、惊险刺激于一体，富有现代文明特征的高速水上运动。

真是不可思议

第一次世界大战时，德军将大量的潜艇用于海战。意大利海军为了对付德国的潜艇，将用于竞赛的摩托艇改装成反潜摩托艇，就这样，世界上第一艘反潜摩托艇诞生了。

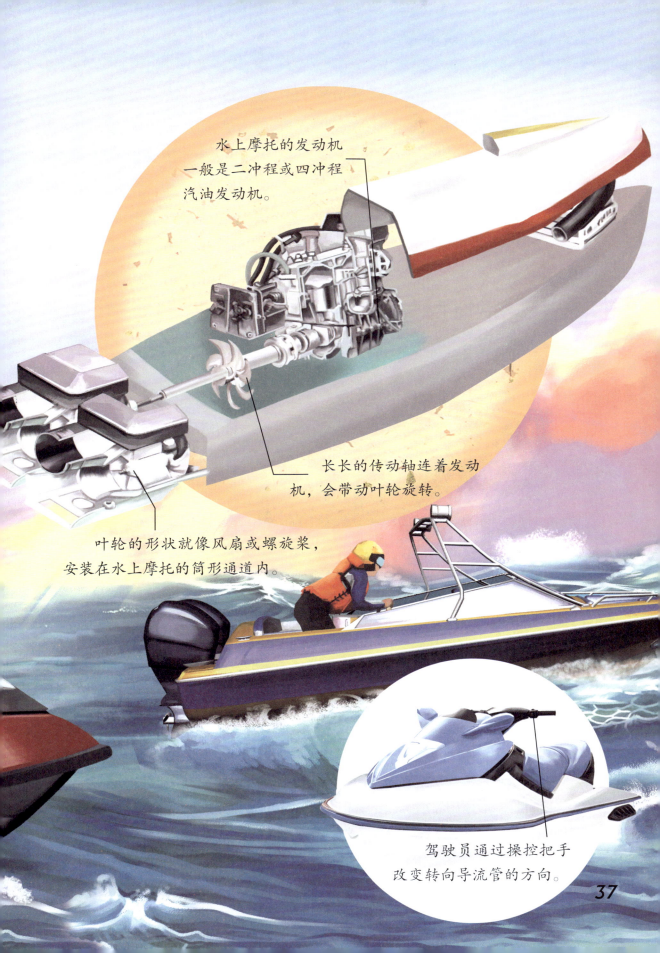

水上摩托的发动机一般是二冲程或四冲程汽油发动机。

长长的传动轴连着发动机，会带动叶轮旋转。

叶轮的形状就像风扇或螺旋桨，安装在水上摩托的筒形通道内。

驾驶员通过操控把手改变转向导流管的方向。

真是不可思议

早在2500年前的古希腊，起重机就
用来为船只装卸货物了。科学家阿基米德
发明了一座巨型起重机，它能将敌人的船
舰高高地吊起，然后放入大海。

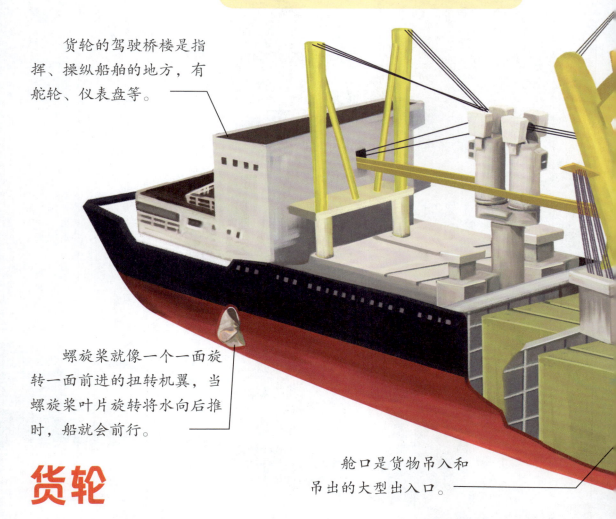

货轮的驾驶桥楼是指
挥、操纵船舶的地方，有
舵轮、仪表盘等。

螺旋桨就像一个一面旋
转一面前进的扭转机翼，当
螺旋桨叶片旋转将水向后推
时，船就会前行。

舱口是货物吊入和
吊出的大型出入口。

货轮

几千年以前，货轮就出现了，人们用它来运送货物，进行大
宗物品的贸易。货轮的船体建筑很少，只有一个烟囱和一
个领航船桥，烟囱连接着下面的发动机，排出浓浓的废气；船桥
下则是住舱，保证船员们的饮食起居。船体的其他空舱可以装载
较多的货物。

某些特定航线的货轮不能太大，否则，它们可能因无法通过运河和船闸而不能走捷径。例如，巴拿马运河在中美洲的船闸宽度只有33.5米。

根据起重载荷的多少，货轮上的起重机可以配装不同尺寸的吊钩。

目前投入使用的货轮大部分船体都是由钢板焊接在一起的。

水翼船

水翼船是可以在水面上"飞行"的船。在它的下方安装有水翼，当船行驶时，这些水翼会受到浮力的作用，逐渐抬高，从而让船体脱离水面。离开水面后，船受到水的阻力会大大减少，从而提高了航行速度，远远看去，就像在水面上飞行一样。

水翼船的速度很快，在湖泊、江河、水库、海湾等水域里驾驶非常便利。

水翼船的主要优点是能够在较为恶劣的环境下航行，现被世界各国广泛用作导弹艇、猎潜艇等。

水翼船采用柴油发动机，可以提供强大的动力，一般安装在船体的下部。

船体采用碳纤维复合材料，这样既牢固，也能减轻船的重量。

水翼是用坚固的金属材料制作而成的，一般呈现倒T形或倒U形。

船上有很多的座位，有的可以载客上百人。

41

集装箱船

集装箱船装着很多像"柜子"一样的集装箱，也被称为货柜船。它的船身上只有一个带烟囱的领航船桥，下面是发动机和住舱区。与一般的货轮不同的是，它的船身上有起重机。当需要装卸集装箱时，这些起重机就会忙个不停，搬运集装箱。

真是不可思议

我国集装箱船虽然研制很晚，但发展速度却很快。我国建造了许多集装箱船，近几年来，在海洋上都可以见到我国建造的集装箱船的身影。

货舱内有固定格架，便于集装箱稳定放置。

近年来，美国、英国、日本等国进出口的货物有70%~90%使用集装箱运输。

许多集装箱船上都有起重机。

烟囱

你还想知道

　　游艇是20世纪50年代出现的一种特殊快艇。它有两个舷侧突出体，位于船体前部的两侧，这样的设计可以增加船的稳定性。

真是不可思议

　　南北朝时期，我国就发明了靠人力踩动的木制桨轮，靠木制桨轮驱动的船，古称"车船""车轮轲"。

游艇的发动机
一般为二冲程。

游艇

游艇是一种水上娱乐高级消费品，它集航海、运动、娱乐、休闲等功能于一体。游艇的发动机装在船体内，通过传动轴连接船尾的推进器，启动以后，螺旋桨快速旋转，推动游艇向前行驶。由于它的船体很长，而且是平底的，或者呈一个很浅的"V"字形，所以受到的阻力很小，在前进时头部会微微昂起。

驾驶员的座位备有良好的缓冲垫，可以减少颠簸和冲击。

游艇上还配有娱乐室，供人休闲娱乐。

游艇一般采用碳纤维船体，而且几乎都是平底的。

帆船

帆船就像它的名字一样，是依靠风帆的动力来行驶的船。桅杆一般是木质长圆杆，上面悬挂着纤维制成的帆。帆船在停泊的时候，帆是放下的。当帆船需要前行并且有风的时候，水手就会拉起风帆，让风吹满帆，这样帆船就能行驶。

1 帆船的桅杆悬挂帆和旗帜，装设天线以及支撑观测台，一般是木质的长圆杆或者金属柱。

2 帆都是用非常牢固的纤维制作而成，比如，棉花或亚麻等天然纤维，或者是尼龙等人造纤维。

3 帆桁是用长杆或管子做成的，用于固定船帆的底部和帆角。

4 U形骨架让船体拥有了强度和基本架构，而且还有一些空洞，能够有效地减轻船体的重量。

真是不可思议

三角帆可以捕捉来自各个方向的风，可以在船的横位上做更大幅度的转向，使船可侧风或逆风行驶。

你还想知道

现代能源的成本都很高，但是风能却是免费的。船舶设计师们正在尝试同时使用发动机和风帆，为运载货物的大型船舰提供动力。

47

你还想知道

100多年前，德国人奥托·李林塔尔最早设计和制造出实用的滑翔机，人们称他为"滑翔机之父"。

有很长的机翼，但翼弦很短。

滑翔机借助气流就可以像鸟儿一样滑翔。

使用碳纤维复合材料和合金材料制成。

48

滑翔机

滑翔机就像个大风筝一样，它本身没有动力装置，但是有很长的机翼，它可以借助飞机或汽车牵引起飞，还可从高坡上下滑到空中。

真是不可思议

现代滑翔机主要用于体育运动，分初级滑翔机和高级滑翔机。前者主要用于训练飞行；后者主要用于竞赛和表演。

飞行员可以通过操纵舵和副翼来控制滑翔机的滑翔方向。

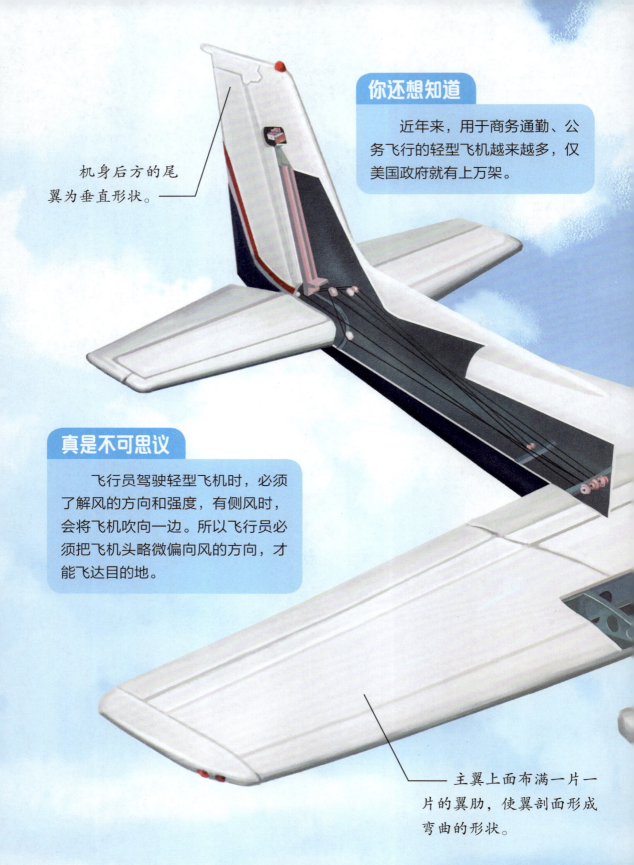

机身后方的尾翼为垂直形状。

你还想知道

近年来，用于商务通勤、公务飞行的轻型飞机越来越多，仅美国政府就有上万架。

真是不可思议

飞行员驾驶轻型飞机时，必须了解风的方向和强度，有侧风时，会将飞机吹向一边。所以飞行员必须把飞机头略微偏向风的方向，才能飞达目的地。

主翼上面布满一片一片的翼肋，使翼剖面形成弯曲的形状。

轻型飞机

轻型飞机是体积较小、构造相对简单的飞机，一般有一名到两名飞行员。飞行员通过控制杆来操纵飞机，在平地或草地上就能实现起落。轻型飞机可用于扑灭森林火灾，给农田施肥播种，以及渔业巡逻等。

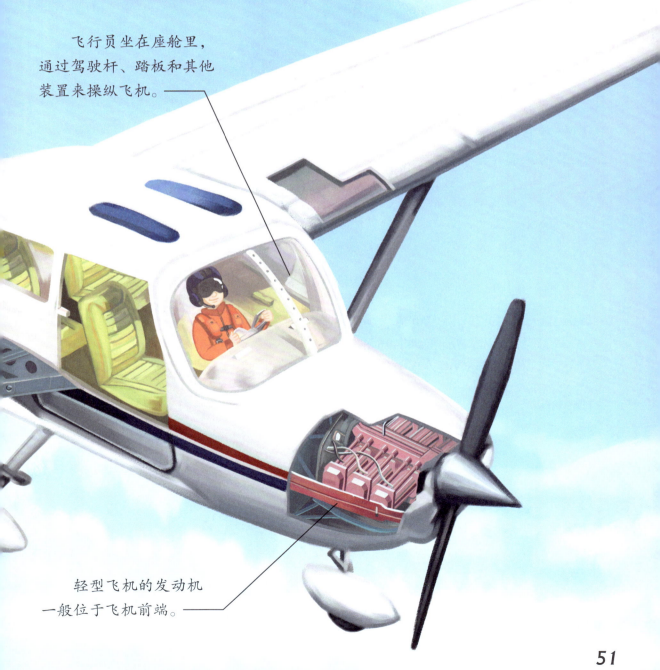

飞行员坐在座舱里，通过驾驶杆、踏板和其他装置来操纵飞机。

轻型飞机的发动机一般位于飞机前端。

灭火飞机的机身内部有两个特别大的水箱，可装载约几千升的水。

飞行员驾驶飞机来回于湖泊或者河流汲水灭火。

你还想知道

灭火飞机在湖泊和河流汲水的方式是跟掠水鸟学的。掠水鸟低飞在水面上，将喙的部分浸入水中，当它接触到小鱼等猎物时，就会立刻合拢鸟喙，衔着猎物飞离水面。

灭火飞机

灭火飞机搭载有专用的水箱，可以从地面装填水，或者从湖泊中汲水，然后飞向大面积失火的森林等地区进行灭火。在几十米的高空中，飞行员会按下操纵杆上的按钮，将水箱内的水瞬间释放出来，达到灭火的目的。

真是不可思议

2006年，波音公司为常青藤航空公司改装了一架波音747，将该机的客舱中的装置全部拆除，换上了巨大的水罐，可一次加水近80吨，成为当时世界上最大的灭火飞机。

有些灭火飞机有特殊的泡沫灭火储存槽，能将微量的化学药剂泵入水箱中。

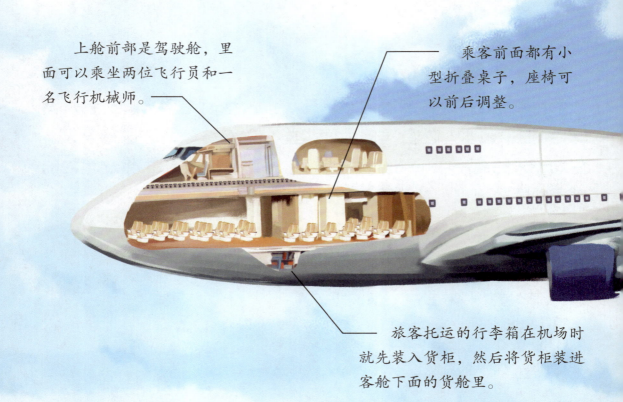

上舱前部是驾驶舱，里面可以乘坐两位飞行员和一名飞行机械师。

乘客前面都有小型折叠桌子，座椅可以前后调整。

旅客托运的行李箱在机场时就先装入货柜，然后将货柜装进客舱下面的货舱里。

波音747

波音747是飞机中的"大块头"。如果你乘坐飞机旅行，就有机会在机场里看到它的身影。最大的波音747，长度约76米。它有4台涡轮风扇发动机，采用的是悬垂式下单翼，全身由较轻的铝合金材质制成，采用两层客舱的布局。这些都让波音747具有良好的安全性能和载客能力，它的满载乘客量有500多人。

飞机的机身是用铝合金材料制成的，并由内部的骨架支撑。

采用涡轮喷气发动机，不仅油耗量少，而且噪音也小。

真是不可思议

由于波音747燃油成本较高，波音公司表示，今后可能会停止生产波音747飞机。

你还想知道

1969年，首架波音747原型机艾佛瑞特城号试飞。这架飞机至今仍在西雅图波音工厂附近的飞行博物馆里展出。

直升机

直升机有个巨大的旋转翼，在涡轮发动机的带动下，会快速转动起来，像一个向上升起的螺旋桨，把直升机提起。飞行员通过操纵杆，可以改变旋转翼的转动方向，从而达到让直升机向前或向后运动。直升机广泛用于运输、救援、巡逻等多个领域。

飞行员通过改变桨叶的倾斜度控制直升机的前进。

桨叶旋转时带动的气流会产生向上的升力，直升机就会起飞。

如果没有尾旋翼，直升机会在桨叶的作用下绕垂直方向原地旋转。

你还想知道

我国古代有一种奇特发明——竹蜻蜓，它的飞行原理和直升机一样，被视为现代直升机发明的起点。另外，达·芬奇设计的直升机草图，则直接催生了直升机的出现。

真是不可思议

目前，世界上飞得最高的直升机，是法国生产的"美洲鸵"直升机，它曾创下了12442米的飞行高度记录。

57

交通小百科

徒步时代

在石器时代，早期的人们还没有发明交通工具，那时唯一的迁徙方式就是步行。在需要搬运猎物时，通常会在地上拖着走，或者扛在肩膀上。

驴车

人们很早就已经驯化了毛驴，并利用它来驮运货物。后来两轮车出现了，人们就用毛驴来拉车，这样就出现了最早的驴车。

牛车

在我国3000多年前的商代，有一个叫王亥的人发明了牛车。到了东汉末年时期，牛车受到了士大夫乃至皇亲贵族的喜爱，流行一时。

公共马车

在19世纪的英国，出现了有固定线路的公共马车。它一般由几匹马拉着，载着乘客和货物，是当时先进的交通工具。

皮船

　　古代，人们开始利用动物的皮来制作船。人们会把动物皮缝合在一起，蒙在木船或者竹篮表面，这样既加快船行的速度，也可以避免进水。

早期的帆船

　　古代埃及人发明了世界上早期的帆船。由于尼罗河上风吹不断，古埃及人就用纸莎草做了横帆，挂在木船上，这样不用划船，船也可以向前航行了。

商船

　　距今约三千多年前，地中海地区的腓尼基人，开始利用木船装载货物，和附近海岸的人们进行贸易。商船有专门的货舱，以及供船员睡觉的休息舱。

发动机

　　发动机是一种能够把其他形式的能转化为机械能的机器，包括内燃机、外燃机、电动机等。